ODKRYWANIE MĄDROŚCI WEWNĘTRZNEGO DZIECKA

*Inspirujące przesłania
dla dorosłych*

Dr EWA DANUTA BIAŁEK

SPIS ROZDZIAŁÓW

KRÓTKI KOMENTARZ – CELEM WSTĘPU

Pracą z małą dziewczynką zainspirowała mnie książka, którą czytałam 2 lata wcześniej, a następnie wpadła mi w ręce po raz drugi. To książka Joan Borysenko „Wina jest nauczycielką, miłość lekcją”. Coś kierowało mnie do tego, aby zacząć TO ROBIĆ, czyli rozpocząć wykonywanie ćwiczenia po ćwiczeniu. Od początku miałam wewnętrzne poczucie, że ZACZYNAM BUDOWAĆ lub raczej ODNAJDYWAĆ wewnętrzne związki we mnie, które są prapoczątkiem wszystkich związków w życiu. Stąd właśnie powstał wstępny tytuł tego tomiku.

Jak się wkrótce okaże, moje rozmowy z dzieckiem — małą Ewunią, są nie tylko rozwiązywaniem jej „małych” dylematów, poszukiwaniem miłości oraz bezpieczeństwa u dorosłej EWY, ale także odpowiedziami na moje własne — dorosłe pytania, zadawane sobie, właśnie w TEJ CHWILI MOJEGO — dorosłego życia i jej poradami: maleńkiej Ewuni – dużej Ewie. Stąd każdy fragment został nazwany PORADĄ.

„Uzdrowienie" dzieciństwa, uwolnienie traumy z tego okresu, pozwala na wyzwolenie kreatywności, tego, co zostało zablokowane w spontaniczności małej dziewczynki i realizacji tego w świecie.

A oto codzienne spotkania z małą Ewunią.

PORADA 1:

Ewusia siedzi w kucki z rączkami przy twarzyczce.

Pytam: Dlaczego jesteś smutna?

O.: Kulki mi się poprzewracały.

P.: Jak mogą się poprzewracać kulki?

O.: Widzisz, że leżą na podłodze.

P.: Co chcesz z nimi zrobić?

O.: Przemalować je.

P.: Co ci da przemalowanie kulek?

O.: Żeby inaczej je zobaczyć.

P.: Po co chcesz inaczej je zobaczyć?

O.: ŻEBY INACZEJ WIDZIEĆ TO CO WIDZĘ.

P.: Jakie są związki jednego i drugiego: poprzewracania i

przemalowania?

O.: Jak zmienię swoją pozycję (sposób widzenia), wtedy będę

widzieć kulki POUKŁADANE.

PORADA 2

Ewusia siedzi w progu z rozwichrzonymi włoskami. Nie widać zupełnie jej twarzyczki. Wyraźnie czegoś wypatruje na podłodze. Wokół panuje półmrok. Jest zatroskana.

P.: Czego szukasz?

O.: Nie mogę zobaczyć.

P.: A co chcesz zobaczyć?

O.: Jak otwieram oczy widzę. Jak zamykam, nie widzę nic. Jak otwieram troszeczkę, widzę troszeczkę. Jak przybliżam oczy, widzę mało, jak oddalam oczy widzę więcej, ale płycej.

Ja mam do niej jednak dziś konkretne pytanie, które mnie nurtuje od pewnego czasu, więc od razu je zadaję.

P.: Jak myślisz, co można zrobić, żeby poczuć się lepiej?

O.: Zmienić poczucie.

P.: Jak?

O.: Tak jak z tymi oczami. Zmieniać patrzenie – i zmieniać poczucie. Ono jest ruchome. Oddalić czucie niedobre, a przybliżyć czucie dobre. Teraz cały czas trzymać dobre. To przecież proste.

P.: Jak to robisz, żeby zmieniać nastrój?

O.: Tak jak inne dzieci: PRZESKAKUJĘ.

P.: ?????????????

O.: To tak jak w grze w klasy. Tam się skacze od jednej klasy do drugiej. Im szybciej, tym lepiej – wtedy się wygrywa.

P.: ???? To co mam zrobić z tym nastrojem?

O.: Przeskakuj i to jak najszybciej. Tak jak w tych klasach. Jeśli cię coś boli – to też zaraz przeskocz.

PORADA 3

(6-letnia Ewunia)

Pytam: Czemu stoisz tyłem?

O.: Bo tak mi się podoba.

P.: Skąd ten upór?

O.: Z potrzeby.

P.: Jaka jest twoja potrzeba?

O.: Widzieć to, co z tyłu.

P.: Dlaczego?

O.: Chcę widzieć to, co niewidzialne.

P.: Myślisz, że tak jest lepiej? Po co?

O.: Z tyłu nic nie widzę.

P.: Ale co ci to da?

O.: Żeby widzieć na okrągło (całość).

Moje pytanie na dziś to: Jak osiągnąć, to czego potrzebuję?

O.: Zobacz, co niewidzialne i zacznij to robić.

P.: ???. Nie rozumiem jak to wszystko połączyć?

O.: Odpowiedź przychodzi z niewidzialnego.

P.: ???

O.: Odczytać niewidzialne.

P.: Jak można mieć, to czego tak naprawdę potrzebuję?

O.: To co niewidzialne zobaczyć (wyobraźnią) – stworzyć obraz i to zacząć MIEĆ z DETALAMI (obraz zaczyna stwarzać rzeczywistość).

PORADA 4

Nawołuję. Wszędzie ciemno. Nigdzie Ewy nie ma.

Wreszcie jest. Zakryte oczki – pozycja w kucki (ok. 4 lat).

O.: NIE MA MNIE.

P.: Dlaczego Cię nie ma?

O.: Bo się wstydzę.

P.: Czego się wstydzisz?

O.: Bo nie powiedziałam dzień dobry dniowi.

P.: I co się wydarzyło?

O.: Dzień był niedobry.

P.: Czemu dzień był niedobry – dlaczego tak sądzisz?

O.: Ludzie się nie uśmiechali. Padał deszcz. Wszędzie było ciemno. Dlatego się schowałam. Wstydzę się za siebie – za nieodpowiedzialność. Powiedzenie dniowi dzień dobry wydobrza dzień. Wszystko staje się jasne i proste. Znikają problemy. Nawet, jak pada deszcz – dzień jest DOBRY. Ponieważ spełniło się dobry uczynek: powiedziało się do dnia, aby był dobry.

I WTEDY WSZYSTKO STAJE SIĘ DOBRE.

PORADA 5

(Ewa l. 4)

Ewusiu, gdzie jesteś?

Tutaj. A ku ku!!!

P.: Czemu się chowasz?

O.: Bo chcę być szukana.

P.: Co Ci to daje?

O.: Chcę być znaleziona.

 P.: Co Ci to daje?

O.: Radość znajdowania (bycia znalezioną, znalezienia).

P.: Czy nie możesz po prostu stale być – bez konieczności chowania się?

O.: Nie miałabym tej radości z odnalezienia. Wszystko byłoby jednakowe.

P.: Czy możesz mi powiedzieć, co przyniósł dzisiejszy dzień?

O.: COŚ zostało odnalezione.

P.: ??? Co masz na myśli?

O.: Jeden kawałek układanki.

P.: Co oznacza ten kawałek?

O.: To, co porusza rytm życia.

P.: ???

O.: SERCE

P.: Co daje to znalezienie więcej?

O.: PULS

P.: ??? Co przez to chcesz powiedzieć?

O.: Odnajdywanie rytmu w innych, więcej, dalej, bliżej, dookoła.

P.: ???

O.: To jest ECHO – odbiór przesłanego dalej dźwięku, rytmu.

P.: ???

O.: Gdy nie ma przepływu, robią się zatory, coś się gdzieś zatrzyma, nie ma dokrwienia.

P.: ???

O.: To SERCE WSZYSTKO PORUSZA. NADAJE RYTM.

P.: ???

O.: W ludziach odbierasz echo rytmu (że jest). Gdy się wsłuchasz w rytm, on także porusza inne serca /także nasze/.

(Tego dnia, odebrawszy wynik Elektrokardiogramu, pomyślałam, że dobrze byłoby zrobić następne badanie, celem wyjaśnienia problemów tzw. choroby niedokrwiennej, sugerowanej w EKG – czyli badanie ECHO serca. Wszystko, co pojawiło się w tej poradzie, jest odbiciem wydarzeń dnia i układa się w piękną, spójną całość).

PORADA 6

Mała Ewusia idzie drogą. Droga jest biała jak mleko.

P.: Dokąd idziesz?

O.: Szukam drogi.

P.: Dlaczego idziesz tą drogą? Skąd wiesz, że ta jest właściwa?

O.: Bo jest oświetlona (biała, inne są ciemne).

P.: Jak długo będziesz nią szła?

O.: Aż przejdę mgłę.

P.: Jak to zrobisz, jeśli nie widzisz jak idziesz?

O.: Wmyślę się. Jeżeli pomyślę, żeby droga prowadziła DOKĄDŚ, to tak będzie.

PORADA 7

Spotykam dziś Ewunię i witam ją.

Ja: Dobry dzień.

P.: Co robisz?

O.: Bawię się w miłość.

P.: Co to znaczy? Jak chcesz się bawić?

O.: Zaplatać nici/warkocze i rozciągać je między drzewami.

P.: Po co?

O.: Aby połączyć je ze sobą – żeby nie były samotne.

P.: Po co Ci to?

O.: Aby ludzie zobaczyli, że nawet drzewa są połączone.

P.: Co to znaczy miłość?

O.: Miłość to tchnienie.

P.: ???

O.: Miłość to ruch powietrza wokół nas, między wszystkimi i wszystkim. To wdech i wydech. To dawanie i przyjmowanie. To wymiana. To ciągłe przetwarzanie/przeistaczanie. To ciągłe wzrastanie. To co wnoszę i dostaję. To współistnienie. To bycie ze wszystkim i bycie sobą. To odróżnianie i stapianie się. To czucie i współodczuwanie. To współbrzmienie. To poszanowanie siebie i innych – dla BYCIA. To ESENCJA ŻYCIA WSZYSTKICH ZE WSZYSTKIM.

PORADA 8

P.: Co się wydarzyło dzisiejszego dnia?

O.: Dziękuję dniowi, że się wydarzył.

P.: Co teraz robisz Ewusiu?

O.: Oglądam się w lustrze dnia.

P.: Po co?

O.: Aby zobaczyć, kto ja jestem.

P.: A Ty siebie nie widzisz?

O.: Widzą mnie inni i oceniają, a ja siebie nie widzę.

P.: Co widzisz w lustrze?

O.: Jaka naprawdę jestem.

P.: A jaka jesteś naprawdę?

O.: Odbita od lustra.

P.: ???

O.: Przeglądam się w innych. Oni mnie widzą, oceniają, krytykują. Ale lustro pokazuje mnie odbitą. Odbity obraz mnie w lustrze.

P.: I co to znaczy?

O.: Jak się przeglądam w wodzie – widzę siebie, tak jak w lustrze.

P.: Ale co/kogo widzisz?

O.: Głębię.

P.: ???

O.: Aby zobaczyć głębię, trzeba zobaczyć od siebie do lustra, a potem do siebie z powrotem. Głębia daje wglądanie – patrzenie do środka – jak właśnie do lustra.

P.: Jeszcze czegoś nie rozumiem. Jak widzisz ten środek?

O.: Jak wglądnę w lustro, to znajdę siebie w środku. I wtedy widzę wgląd w siebie.

P.: Czy nie można tego zrobić bez lustra?

O.: Bez lustra jest trudniej. Nikt nie rozumie, że można wglądnąć i znaleźć siebie. To lustro nam to może pokazać, że jesteśmy. Daje nam na nas widok – właśnie wgląd.

Ja: Dziękuję Ci bardzo Ewusiu. Nigdy bym nie wpadła na pomysł, aby pokazać ludziom lustro i aby uświadomić im, że mogą w nie wglądnąć, aby się zobaczyć w głębi.

PORADA 9

Dzień dobry Ewuniu. Mała Ewa tańczy.(lat 4). Trzyma brzegi sukienki w rączkach. Mówi do mnie: mam dla Ciebie prezent.

P.: Jaki to prezent?

O.: Zagadka.

Teraz **Ja:** słucham cię uważnie.

Pytanie Ewuni: Co to jest bęben?

Moja odpowiedź: Instrument, przy pomocy którego wybija się dźwięki.

Ona: Jak to robisz?

Ja: Biorę pałeczkę, robię zamach i wybijam.

Ona: Czy zanim wybijesz, masz jakiś zamysł, jak on ma brzmieć?

Ja: Słyszę go w uszach.

Ona: A więc już wcześniej coś wiesz. Skąd to wiesz?

Ja: Coś mi jakby podpowiada.

Pytanie Ewuni: A więc jest jakieś coś/ktoś w Tobie?

Ja: Nie zaprzeczę. Oczywiście.

Teraz ja chcę wszystko powiązać, co zostało powiedziane.

Pytam więc: Co ma bęben do tego, co robię teraz?

Ona: Powiedziałaś, że wcześniej już coś wiesz, jak masz wybić ton. A więc słuchaj też wcześniej jak i co masz robić.

Ja: Nie zadając pytania?

Ona: Możesz je zadać, ale gdy stale słuchasz, to wysłuchasz ton na dzisiaj i już wiesz, co robić.

PORADA 10

Tego dnia szukam znaczenia wydarzeń. Podsumowuję dzień. (spotkanie Wacława i Grażyny).

P.: Coś się wydarzyło Ewusiu ważnego?

O.: Zabił dzwon.

P.: ???

O.: Zabił – znaczy ogłosił początek.

P.: Początek czego?

O.: Początek tego, co masz zrobić. Początek i koniec. Alfa i omega.

P.: Jakie jest znaczenie tego spotkania?

O.: Zna-czenie – to pokazywanie drogi, robienie znaków, wytyczanie trasy, początek całego procesu.

P.: Co było znaczeniem czego? Co tu było ważne, włączone w proces?

O.: On i ona – W i G.

P.: Jaką drogę wyznaczyło? Do czego ta droga?

O.: Droga zawsze dokądś prowadzi.

P.: Co jest na końcu drogi?

O.: Alfa i omega (w znakach). Zaczepienie i zwieńczenie.

P.: Jak myślisz, co z tego może wyniknąć?

O.: Układ.

P.: Co to układ?

O.: U-kład – to układanie klocków według kolejności, jeden po drugim.

P.: Czy to spotkanie daje właśnie taki układ?

O.: Układanie.

PORADA 11

W chwilę po poprzedniej poradzie, Ewunia stoi oparta o drzewo. Jest zamyślona. Patrzy w przestrzeń.

P.: O czym myślisz? Czemu tak stoisz oparta o drzewo?

O.: Ono mi daje podparcie. Lepiej mi się wmyśla.

P.: W co się więc wmyślasz?

O.: Co jest dalej ode mnie.

P.: ???

O.: Jakiś widok.

P.: Co Ci przynosi ten widok?

O.: Skojarzenia – połączenia myśli.

P.: Po co Ci one?

O.: Aby połączyć to co widzę z tym, co chcę zobaczyć.

P.: ???

O.: Gdy obejrzysz obecną sytuację – TO JEST TWÓJ WIDOK. Ona przyniesie Ci skojarzenia po co jest co/kto. I WTEDY ZOBACZYSZ WIĘCEJ.

25

O.: Gdy obejrzysz obecną sytuację – TO JEST TWÓJ WIDOK. Ona przyniesie Ci skojarzenia po co jest co/kto. I WTEDY ZOBACZYSZ WIĘCEJ.

PORADA 12

P.: Co robisz Ewusiu?

O.: Przesypuję piasek.

P.: Do czego jest Ci to potrzebne?

O.: Aby znaleźć brylanty/diamenty.

P.: ???

O.: Diamenty, to to co najcenniejsze.

Mam pytanie: Co jest dla mnie najcenniejsze? Jakie działania powinnam podjąć, aby osiągnąć cel?

O.: Przesiewaj. Znajduj diamenty.

P.: Jak je rozpoznać? Jak sobie poradzić z przesiewaniem, gdy wszędzie tyle piasku?

O.: Nie bierz za dużo piasku. Bierz tylko ten, co leży blisko Ciebie i przesypuj go. Coraz przez mniejsze sita. Wtedy na dnie znajdziesz swoje diamenty.

P.: Skąd wiem, który to piasek obok mnie? Jak go rozpoznać?

O.: Używaj swoich narzędzi, aby go rozpoznać. Przesiewaj przez swoje sito. **P.:** Jakie jest moje sito? Jakie ma oczka? Jak je rozpoznam?

O.: Wyostrz swój wzrok i słuch. Obserwuj czucie i przesiejesz co twoje. Wtedy rozpoznasz oczka.

P.: Od kiedy to zacząć?

O.: Zacznij już od zaraz. Zacznij sprawdzać, co jest twoje. Pamiętaj: Wybieraj to, co blisko. Nie sięgaj do tego, co odległe. Niech tam sięgają inni. Ty masz swój piasek do przesiania.

P.: Co mi jeszcze możesz poradzić?

O.: Dbaj o zdrowie. Chroń serce. Oczyszczaj serce.

P.: Czy sama mam przesiewać piasek?

O.: Każdy przesiewa swój. Nie musisz sięgać po cudzy. Zawsze zadawaj pytanie: CZY TO JEST MÓJ PIASEK, KTÓRY PRZESIEWAM?

PORADA 13

Jak zrównoważyć moją nierównowagę? – oto pytanie, z którym przychodzę dzisiaj. Dzień dobry Ewuniu.

P.: Czemu stoisz na jednej nodze?

O.: Chcę zobaczyć, jak długo się da.

P.: A jak długo?

O.: Ile czasu wytrzymam.

P.: A czy tego chcesz?

O.: To zależy od tego, czy jest mi z tym wygodnie.

P.: A jest ci?

O.: Do czasu. Potem robi się niewygodnie. I wtedy chcę/potrzebuję/muszę to zmienić.

P.: Powiedziałaś: chcę, potrzebuję, muszę???

O.: Właśnie. Najpierw przemyśliwam, że może już

zmienię postawę; potem zaczyna być – potrzebuję: a wreszcie – muszę.

P.: ???

O.: I wtedy naprawdę muszę. Bo inaczej....

P.: Co inaczej?

O.: Stracę równowagę. Przewrócę się. Zaburzę swój rytm. Jest to już konieczność. Nie ma innego wyjścia.

P.: I co wtedy zrobić?

O.: Natychmiast podjąć decyzję – zmieniam postawę. I to robię!

Co teraz z moim pytaniem? Czy ono jakoś do tego pasuje?

O.: Jak Ci to przeszkadza, zaburza ciebie i innych – nie masz innego wyjścia. Musisz to zrobić i to NATYCHMIAST.

Pytanie: Jak? Jak znaleźć równowagę emocjonalną NATYCHMIAST?

O.: Przez wstrząs.

P.: ??? Co to jest?

O.: Wiesz, co to trząść? W-strząs. Wejść w to i strząsnąć z siebie.

PORADA 14

Moje dzisiejsze pytanie: Co jest tu ważne i priorytetowe? Ale zaczynam inaczej.

P.: Jakie masz dzisiaj potrzeby Ewuniu?

O.: Być blisko.

P.: Być blisko czego? Dlaczego chcesz być blisko?

O.: Blisko siebie.

P.: Co to znaczy?

O.: Poczuć siebie poukładaną.

P.: ???

O.: Być tak jak drzewo wrośnięte, umiejscowione, jednocześnie wolne, rozrastające się we wszystkie strony.

P.: ??? Co Ci brakuje abyś tak się czuła?

O.: Po-czucia

P.: Czemu tak mówisz osobno?

O.: Po-czucie – jest czuciem czegoś i tego co jest PO-czuciu.

P.: ??? Co jest po-czuciu?

O.: Po czuciu są od-czucia, wy-czucie, w-czucie.

P.: ???

O.: W-czucie, to czucie głębiej; wy-czucie, to okoliczne czucie, dookoła; od-czucie – odróżnia; po-czucie – porównuje czucie.

P.: Jak to pozbierać, bo się zgubiłam? Co to ma do mego pytania na początku i twego po-czucia?

O.: Jedność. Wszystko ma stanowić jedność. Po to są części, aby je składać w całość.

P.: Jak to wszystko składa się w jedną układankę? Co do czego pasuje? Jak to poczuć?

O.: Prze-czucie – jest wcześniej, jest to czucie, że coś wiem. Prze-czucie buduje od-czucie (odróżnianie); potem jest poczucie – porównanie; potem jest w-czucie. I JEST CAŁY OBRAZ – OD WIZJI DO CELU. Łączność rodzi spójność. Prze-czucie wyzwala proces. W-czucie pobudza przy-ciąganie; przy-ciąganie, tego, co potrzebne.

P.: Co jest potrzebne do całości?

O.: SPÓJNOŚĆ.

P.: Jak odkryć spójność?

O.: W łączności.

P.: ???

O.: Czyli co się z czym łączy. A potem to spoić i wyjdzie CAŁOŚĆ.

PORADA 15

Co ten dzień mi przyniósł? Podsumowanie dnia.

Ja: Jaki mam dziś ogląd sytuacji?

Ewunia: Układanka.

Ja: Co to jest układanka?

O.: To zbiór różnych części, co pasuje do czego i czy pasuje.

P.: Gdzie jest początek układanki? Jak go znaleźć? Gdzie jest pierwsza część, która zacznie tworzyć całość? Jak je rozpoznać?

O.: Początek ma być czworokątny. Czworokąt ustawiony jednym rogiem do góry, drugim na dół, trzecim w prawo, czwartym w lewo. Taki jest najlepszy w środku. Wszędzie jest równo.

P.: Co oznacza ten czworokąt? Jakie kąty wyznacza? Co

oznacza ten puzel, ten fragment układanki?

O.: Zagadka. Cztery rogi – to punkty zaczepienia – cztery miejsca.

P.: Jak znaleźć te miejsca, które są ważne/istotne dla sprawy?

O.: Słuchać wiatru dokąd wieje. Wszędzie znaczyć drogę, zostawiać ślady.

PORADA 16

Ja: Dzisiaj było...

Ewunia: Zaczepianie.

Co Ci dzisiaj potrzeba Ewuniu?

Ewunia przysuwa się do moich nóg, gdy podchodzę, traktując mnie jak parawan, aby nic nie widzieć.

P.: Czemu tak stoisz, zasłaniając sobie oczki mną?

O.: Aby nie widzieć tego co dookoła.

P.: Czemu nie chcesz tego widzieć?

O.: Nie mogę się rozpraszać. Albo To chcę widzieć, albo TAMTO.

P.: A co to jest TAMTO? Co chcesz zobaczyć?

O.: Chcę daleko wglądnąć. Dlatego wysoko musisz mnie zasłonić.

P.: Ale po co?

O.: Chcę zobaczyć dokąd poleciała piłka, którą rzuciłam do siatki.

P.: Ale dlaczego chcesz aż się mną zasłonić, żeby to zobaczyć?

O.: Chcę zobaczyć to, co jest dalej za siatką – taki tunel, co robi piłka, gdy wskakuje do siatki.

P.: Ale dlaczego aż zamykasz oczki?

O.: Bo wyraźniej można widzieć.

P.: I co ? Zobaczyłaś ten tunel?

O.: Już zobaczyłam, ale jeszcze potrzebuję zobaczyć dokąd piłka trafiła dalej.

P.: Czy to takie ważne, gdy i tak trafiła do siatki?

O.: Do siatki mogła trafić, ale czy osiągnęła cel?

P.: Jaki może być cel piłki rzucanej do siatki?

O.: Cel musi być TRAFIONY, wtedy rzucanie spełniło swoją rolę.

P.: I co zobaczyłaś? Czy cel został trafiony? Rzucanie spełniło swoją rolę?

O.: Wędka została zarzucona.

P.: Co ma wędka do celu rzucania piłką?

O.: Gdy zarzucasz wędkę – chcesz złapać rybę. Gdy rzucasz piłkę do siatki – chcesz, aby wpadła do środka. Czy cel nie jest ten sam?

P.: Ale rezultat może być różny?

O.: Tak samo z piłką, jak i z rybą. Dlatego trzeba dobrze przewidzieć CO ROBIĆ i JAK TO ROBIĆ aby cel był trafiony.

P.: A co robić?

O.: Właśnie WGLĄDAĆ (przewidywać).

PORADA 17

Dzisiaj miałam spotkanie. Zastanawiam się nad jego znaczeniem. Co dało mi to spotkanie?

Ewunia niesie jakiś obrazek. Mówi: Mam tu taki obrazek.

P.: Co chcesz mi pokazać?

O.: Taki widok.

P.: Co on przedstawia?

O.: Zorane pole.

P.: O czym to mówi?

O.: Ziemia jest przygotowana. Nie wiadomo, co wyrośnie i kiedy.

PORADA 18

Dzień dobry Ewusiu. Co dzisiaj?

O.: Dzisiaj jest NOWY dzień.

P.: Co to znaczy nowy?

O.: Nowy – to nienaruszony, przygotowany do kształtowania.

P.: Co mogę kształtować, jeżeli okoliczności przynoszą problemy?

O.: Warunki przynoszą sprawy, a problemy wymyślamy sami.

P.: Jak nie wymyślać problemów, a załatwiać sprawy, które przynosi dzień?

O.: Sprawy są obojętne, problemy są ukierunkowane, najczęściej TRUDNE. Sprawa – sprawi się sama – czyli przyniesie rozwiązanie. Trzeba tylko czytać: jak sprawić, aby sprawa się sprawiła - rozwiązała.

PORADA 19

Dzień dobry Ewuniu. Jakie masz plany na dziś?

O.: Dziś mam malowanie.

P.: Co chcesz malować?

O.: Obrazy na jutro.

P.: ???

O.: Jak namaluję dzisiaj, do wieczora wyschną i JUŻ BĘDĄ.

P.: Co chcesz malować?

O.: JUTRO.

P.: Czy można namalować JUTRO?

O.: Jutro już wiem – to to, co przychodzi, gdy wmyślam się w jutro.

P.: Jak to jest wmyślać się w jutro?

O.: Zobaczyć jutro oczami od środka, a potem to namalować. To proste. Jak namaluję – to już mam jutro przed oczami.

Myślę jeszcze, co przyniosło mi wczoraj. Jak to pozbierać?

O.: Pozbieraj WCZORAJ – to co pogubiłaś. Znajdź to. Inaczej będziesz miała dziurę.

P.: Jaką dziurę? O czym mówisz?

O.: Jak chcesz mieć całą układankę ułożoną, a nie znalazłaś (zgubiłaś) jakiejś części – to bez tej części będzie dziura.

P.: Co ma układanka do wczoraj – do pozbierania wczoraj?

O.: Jak chcę zbudować duży dom, mogę go nie zdążyć zbudować jednego dnia. Muszę jednak skończyć to, co miało być zrobione dziś, aby zacząć od początku jutro. Jeśli pogubię klocki, nie zrobię porządku dziś, to jutro nie będę mogła budować dalej. Dlatego, jeśli nie pozbierałaś swoich klocków wczoraj, to jak zaczniesz budować dzisiaj?

PORADA 20

Jak podsumować ten dzień? Co on przyniósł?

Ewunia kłania się.

P.: Czemu się tak kłaniasz Ewuniu?

O.: Kłaniam się dniowi, bo już odchodzi. Żegnam dzień. Był i przeszedł, dlatego się kłaniam.

P.: Czemu się kłaniasz?

O.: Oddaję mu pokłon, dziękując za to, że był.

P.: A jak był zły dzień?

O.: Dzień nie był zły. Złe było jego oglądanie. Kłanianie się, to traktowanie czegoś/kogoś godnie.

P.: A co ci przyniósł ten dzień?

O.: Doznania, wrażenia. Do-zna-nia = coś do poznania; do-świadczenia = coś, co może świadczyć, że się zdarzyło; wrażenia, wra-żenia się: wrazić się= coś dogłębnie poznać.

PORADA 21

Ewunia łapie mnie za rękę: Chodź ze mną, gdzieś Cię zaprowadzę. Przykucamy przy jakiejś makiecie, przedstawiającej dwie okrągłe budowle i wieżę.

P.: Co to jest?

O.: Wniknij w to do środka. Wmyśl się.

Ja: Wrażenie przestrzeni ograniczonej kulą.

Ona pyta: Co to ci przypomina?

Ja: Nowa forma. Ciekawa konstrukcja. Domki z piasku na plaży. Norki dla kretów. Kret – wgryzanie się, drążenie. ??? Nie wiem co z czym połączyć. Kret, drążenie, okrąg, wieża.

O.: Zagadka. Jak połączyć różne klocki, do zbudowania jednej, spójnej konstrukcji/układanki/budowli? Wyobraźnia – poukłada klocki; Myśl je posegreguje, Skojarzenia je poskładają, Intuicja je umiejscowi. Ludzie to zrobią. I co Ty na to? Być mną Pozwolić mnie być całą

sobą.

45

PORADA 22

Dzień dobry Ewuniu (6 lat).

Ewunia: Dobry był dzień.

Ja: Co uświadomił mi ten dzień? Zatory.

Ewunia: Podaj mi rękę i bądź tak ze mną przez chwilę. Chcę czuć cię blisko. Dotykać.

Ja: Co znaczy dla ciebie dotyk?

O.: Dotyk – to bliskość. Czucie kogoś blisko. Ciepło przepływu. Ciepło doznania. Zjednoczenie. Do-tykanie. Nawiązanie łączności. Budowanie pomostów. Dostrajanie. Spokój i bezpieczeństwo.

P.: Czy czujesz się teraz lepiej?

O.: Dodałaś mi siły.

PORADA 23

Ja mam wciąż ten dylemat układanki. Idę odwiedzić Ewunię. Ewunia chodzi po kątach i czegoś szuka.

P.: Czego szukasz Ewuniu?

O.: Zgubiłam dzień wczorajszy. Gdzieś mi się zapodział.

P.: Czy myślisz, że schował ci się do kąta?

O.: Gdzieś siedzi w ciemności.

P.: Czy myślisz, że w taki sposób go odnajdziesz?

O.: Gdy coś się zgubi, jest mu za ciemno, aby się odnaleźć. Trzeba oświecić mu drogę i się znajdzie.

P.: Po co chcesz oświecić drogę dniu wczorajszemu? Po co chcesz go znaleźć? Do czego ci potrzebny? Czy nie wystarczy, że już przeminął i po co go znowu szukać?

O.: Gdy coś się zgubiło wczoraj, a potrzebne jest do dziś, to trzeba to znaleźć, bo inaczej nie ma wszystkich części –

i jest brak. Trzeba znaleźć tę część zgubioną – wtedy będzie całość. Gdy coś zgubiłaś wczoraj i wiesz o tym, stale będziesz tego szukała, dopóki się nie znajdzie. Lepiej więc zacząć zaraz szukać. Im szybciej się znajdzie, tym lepiej dla ciebie. Brak czegoś skupia uwagę na braku i nie pozwala myśleć o czymś innym – tylko o tym, czego brakuje.

P.: Jak znaleźć więc ten brak jak najszybciej?

O.: Właśnie zacząć go szukać, aby wypełnić ten brak.

P.: A jak nie wiem, czego mi brakuje?

O.: To zapytać: czego mi brakuje?

P.: A więc: czego mi brakuje? Czego nie mam?

O.: Spójności tego, co było z tym, co jest. Spójności – znaczy zrozumienia. Spójności – znaczy akceptacji. Spójności – znaczy docenienia tego braku, że się ujawnił i że chce być wypełniony. Spójności – znaczy docenienia jego znaczenia dla całości.

P.: Jak więc ten brak znaleźć?

O.: Obejrzeć go dokładnie, jak wygląda miejsce na niego, opisać go dokładnie, co jest brakiem. Oświetlić brak. I wtedy się znajdzie.

Ja: Dziękuję. Jesteś nadzwyczajna. Genialna.

PORADA 24

Rozmyślam: Jak wygląda mój brak – a raczej miejsce do wypełnienia brakiem? Mój brak nazywa się........ Czy ma kolor? Czy ma kształt? Czy brak to całość, czy część całości? Jak nazywa się całość? Jak nazywa się część? Jak wygląda część która jest? Czy ma zapach? Czy ma smak? Kolor zieleń róż/zieleń na zewnątrz zieleń do wewnątrz

...

Ewunia podchodzi do mnie. Mam list do ciebie.

P.: Co ten list zawiera?

O.: Zobacz sama. Widzę pocztówkę z pięknym kwiatem róży.

Pytam: Co oznacza ten kwiat?

Ona: Każdy płatek ma swoje znaczenie.

Ja: Jakie znaczenie ma ten kwiat?

Ona: Kwiat – to symbol dojrzałości, uwieńczenie jej wzrostu, rozwoju, piękna, prostoty, miłości, dobra.

Ja: Co on mi przynosi?

O.: Podsumowanie, zwieńczenie.

Ja: Co on mi przynosi?

Ona: Nadzieję, miłość...

Ja: Jak mam odczytać, to co wnosi?

Ona: Ciesz się, nadzieja nadchodzi. Wszystko jest tuż tuż.

Ewunia: Całość mnie. Nie ma części bez całości. Nie ma całości, bez części.

PORADA 25

Jak podsumować dzień? Dziś były dwa spotkania. Czy były dla mnie znaczące? Idę odwiedzić Ewunię. Tym razem Ewa l.6

Ja: O czy myślisz, siedząc tak w kucki i podpierając twarzyczkę rączkami?

O.: Mam takie zamyślenie.

P.: ???

O.: Za-myślenie. Poszłam za myślą.

P.: Co to była za myśl?

O.: Jak to jest, że ludzie spotykają się, rozmawiają...

P.: I co wymyśliłaś w tym zamyśleniu?

O.: Wy-myśliłam (poszłam naprzód za myślą), że mają sobie widocznie coś do powiedzenia.

P.: I co z tego?

O.: To nie co z tego, tylko PO CO?. Dlaczego nie rozmawiają ze wszystkimi, tylko akurat z tymi, a nie z innymi ludźmi? Widocznie COŚ w tym jest.

P.: A co może być?

O.: Właśnie, co w tym może być? Może jakaś siła, przyciąganie ich spotyka i przyciąga do siebie?

P.: Skąd ta siła, co ty pod tym rozumiesz? Co ty rozumiesz pod siłą?

O.: Czy widziałaś magnes? Kawałek żelaza coś ma takiego, że przyciąga. Ale nie wszystko przyciąga, tylko to co WYBRANE.

P.: A więc myślisz, że magnes wybiera?

O.: Coś, co jest w nim wybiera coś, co ma być przyciągnięte. Tak też z ludźmi – mają coś, co przyciąga innych. Co się dziś wydarzyło?

Ona: SPOTKANIA.

P.: Co przyniosły te spotkania?

O.: Kolejny ciąg zdarzeń.

P.: Co tu się zdarza?

O.: Układanie paciorków na sznureczku. Jest do zrobienia sprawa i się sprawia. Układanka – przekładanka.

Przekłada się na ludzi. Układa się jedno przy drugim.

53

PORADA 26

Dzień dobry Ewuniu. Jak się dzisiaj masz?

Ewa słucha nagrania głosów ptaków z kasety. Kłania się. Mówi: Dziękuję za śpiew ptaków.

Ja: Dlaczego słuchasz tego z taśmy?

Ona: Inaczej się nie da, ponieważ nie przyszła jeszcze wiosna.

Ewa jest zamyślona. Mówi: Jestem po jednej stronie zaciemniona, po drugiej zajaśniona.

P: ??? Co to znaczy po jednej stronie i po drugiej?

Ona: Zaciemniona – znaczy przechodzę przez mrok; zajaśniona – widzę coś jasnego.

Ja: Co to są te dwie strony?

Ona: Jestem tu i teraz. Wszystko widzę, czuję, doświadczam. A z przyszłości – nic nie widzę. Pustka.

Dlatego słucham ptaków z kasety, aby usłyszeć to, co jest z przyszłości. Ptaki przylatują z przyszłości. Wyśpiewują, opowiadają przyszłość.

Ja: ??? Skąd wiesz, że to robią?

Ona: Ptaki przylatują z ciepłych krajów – zwiastują wiosnę. A więc przylatują z przyszłości. Dlatego ich słucham.

Ja: Czy coś ci powiedziały?

Ona: Czynią wiosnę – a więc mówią o tym, co przyjdzie.

Ja: A co przyjdzie? Ale do wiosny przecież jeszcze daleko?

O.: Gdy zaplanujesz wiosnę już teraz – to już ją masz. Nie potrzeba czekać na ten czas. Ona jest w nas. Wyobraź sobie obraz wiosny, tego, co chcesz, aby było. I będzie.

Jestem ciekawa odpowiedzi na moje dylematy: Co się wydarzyło przez te ostatnie dni? Dlaczego zachorowałam? (zatrucie pokarmowe).

Ona: Oczyszczasz przeszłość. Musisz wyrzucić stare wzorce, aby pojawiły się nowe. Dlatego tak się dzieje. To jest też oczyszczanie psychiczne. Gdy zostaną jakieś pozostałości starego, nie można zbudować niczego nowego. **Ja:** Dlaczego leżę w ciemności, choć wstał już dzień?

Ona: Aby lepiej widzieć to, co w środku.

Ja: Co mi to przynosi?

Ona: Podsumowanie, zrozumienie, wiązanie. Aby był dzień, musi nastać noc. Także dla nabrania siły. Teraz jest noc – pustka, aby przygotować świt. Nic nie widzisz, aby zobaczyć. Nic nie słyszysz, aby coś usłyszeć. Nic nie czujesz, aby coś poczuć.

PORADA 27

Gdzie jesteś Ewuniu? (lat 11)

O.: W lesie. Tyle drzew dokoła wyrosło. Jaki piękny zapach!

J.: Dlaczego poszłaś do lasu?

O.: Las przynosi tyle dobra: jagody, kolory, zieleń drzew, poziomki, różne rośliny, zapachy, świeże powietrze.

J.: Co ci to daje?

O.: Mogę czuć. U-czula – uruchamia czucie, uwrażliwia, wprowadza czucie Uczu-cia – uwrażliwia na uczucia; pozwala więcej czuć, budzić się uczuciom, pobudza zmysły, oczy do patrzenia, uszy do słuchania. Pokazuje wzrost – wzrastanie; proces – życie w ruchu.

J.: Co ci to daje?

O.: Podpatruję ruch – dzianie się. Można to czuć

(doświadczać). Można to widzieć; każdego dnia więcej, inaczej.

Myślę, jak to przełożyć na moje dorosłe sprawy – to co powiedziałaś.

Ona: Zobacz na las – jak zmienia się każdego dnia, co chwila przeleci ptak; to zaśpiewa ptak; to zaszumi las; to spadnie liść. Wszystko co istnieje jest w ruchu. Jak popatrzę na swoje myślenie – to ono też jest w ruchu – nie stoi. Oczy nie patrzą ciągle w jednym kierunku. Stale też mrugają. Byłam najedzona, zaraz pytasz czy jestem głodna. Gdzie się podział we mnie obiad? Byłam smutna, jestem wesoła. Odróżniam, porównuję. Ty też odróżniaj, porównuj, co było wczoraj, jak jest dzisiaj. Co się zmieniło. Co przybyło. Co ubyło I zobaczysz dzianie się.

Ja: Usiądźmy pod drzewem. Połóż mi główkę na kolanach i przytul się. Poczujmy jedność z Ziemią.

PORADA 28

O czym myślisz Ewuniu?

Ewa stoi nad morzem i patrzy w dal. Mówi: Jestem ptakiem: mewą, orłem. Robię kółko i oblatuję. Spuszczam się coraz niżej. Patrzę w dół.

Ja: Po co ci to latanie?

Ona: Wybieram miejsce, gdzie mogę usiąść.

Ja: Czy to takie ważne? Nie masz domu?

Ona: Tam będzie mój dom. To wytyczanie miejsca na ziemi. Tam, gdzie zostawia się ślad po sobie – miejsce swojego bytu.

Ja: Gdzie wylądowałaś?

Ona: U siebie.

Ja: Co to jest u siebie? Co to za miejsce?

Ona: Jest woda, zielone wzgórze i doliny. ....

(coś przerwało)

PORADA 29

J.: Co robisz Ewuniu? (lat 11)

O.: Przeglądam książkę historyczną.

J.: Co tam widzisz?

O.: Obrazki z pól bitewnych.

J.: Po co się im przyglądasz?

O.: Staram się zrozumieć ludzi.

J.: ???

O.: Co oni robią.

J.: A co robią?

O.: Zabijają życie.

J.: ???

O.: Nie rozumiejąc drugiego człowieka. Zamiast go zrozumieć, zabijają go.

J.: ???

O.: Tyle było wojen i krwi w historii.

J.: O czym to świadczy?

O.: Zamiast zrozumieć drugiego człowieka – atakują go. Niszczą jego godność.

J.: Co chcesz znaleźć w tym oglądaniu? Czy jest w tym jakiś sens?

O.: A jest? Czego ci ludzie szukają w wojnie?

J.: Zaspokojenia swoich instynktów.

O.: Po co walczą ze sobą?

J.: Aby wykazać swoją siłę, a słabość innego.

O.: Ale po co im to w dzisiejszych czasach? Czy nie można inaczej rozwiązywać konfliktów? Konflikt – to napięcie. Walka przeciwieństw. Zamiast obejrzeć drugi biegun – wolą go zabić. Stąd są konflikty powodujące walkę z innymi. Z niezrozumienia siebie i siebie nawzajem. Człowiek atakuje, gdy coś chce wymusić.

Pytam: Co ma jedno do drugiego? Co ma moje pytanie do twych obrazków?

O.: Dopełnienie jest zobaczeniem JEDNOŚCI – zrównoważeniem. Dopiero jedno i drugie w doświadczeniu daje pełnię. Tej pełni można doświadczyć w działaniu. Być pełnią – znaczy zrozumieć przeciwieństwo. Tylko przeżywszy można doświadczać życia. Tylko przeżywszy samotność, można doświadczać związku.

J.: Czemu to służy, to moje doświadczenie?

O.: Służy wglądowi.

J.: Co mam z tym zrobić?

O.: Przyjrzeć się temu.

J.: Po co mi ten wgląd w przeszłe doświadczenie?

O.: Aby wiedzieć co niesie takiego, czy ma jakiś sens.

J.: A ma?

Ona: Aby odróżniać, zobaczyć przeciwieństwa.

PORADA 30

Znowu mam dylemat. Nie mogę zrozumieć tego, co się wydarza. Idę na spotkanie z Ewunią.

Ja: Co to znowu znaczy?

Ona: Musisz zobaczyć odróżnienie potrzeby od oczekiwania. Oczekiwanie jest ukierunkowane. Że ktoś/coś zaspokoi. Jest konkretne. To i to, tak i tak. Potrzeba –to zgłoszenie, że coś takiego mam. Rodzi otwartość na to, co przyjdzie. Oczekiwanie – rodzi wymóg dostania tego i tego od konkretnej osoby lub dotyczy konkretnej rzeczy. Potrzeba rodzi zgłoszenie.

Ja: ....

Ona: Wszystkie związki rozbijają się o brak komunikacji. Syntezy na poziomie przeżycia i możliwości dzielenia tego przeżycia RAZEM.

Ja: ....

Ona: Niektórzy idą po przeżycie do kina. Inni do sklepu z odzieżą, jaką chcą mieć, aby ona tworzyła im jakiś styl. Gdy to mają, z tego budują własne przeżycie. W wyobraźni są tym kimś, KIM NIE SĄ, a chcieliby być. To im daje namiastkę, że są tym, kim nie są, aby zbliżyć się do tego, KIM SĄ.. Zapełnia to im jakieś poczucie braku, który chcą zrównoważyć. Niektórzy ludzie, którzy tego nie rozumieją, mogą wyśmiewać się z czyjegoś stylu ubioru. Tymczasem ten specyficzny ubiór, wypełnia coś - jakąś lukę, brak. Dlatego ludzie nie rozumieją, że wszystko ma swoje znaczenie. TO SĄ WYBORY RÓWNOWAŻENIA. Do analiz, wrażeń – potrzebni są różni ludzie, do zbieractwa. Zbieram dla siebie – i jeśli to czemuś służy, to bardzo dobrze – jeśli mogę to dzielić z kimś. Jeśli ten ktoś nie rozumie, to tworzy się nierównowaga i dalsze poszukiwanie. Jeśli rozumie – to wprowadza zachwyt /dzielenia się, przyjmowania i dawania. Gdy ma się kogoś, z kim można dzielić swoją SYNTEZĘ – jest to największe szczęście: zrozumienia, akceptacji, wzajemnego wzbogacania się. To buduje więzy bliskości, także intymności. Gdy przychodzisz do kogoś i mówisz: „mam coś dla was” – bywa, że oni nie chcą brać. oni oczekują czegoś: opieki, troski, zrozumienia siebie, rozwiązania swoich problemów. Chcą coś dostać; łatwo, lekko, przyjemnie. nie starają się zrozumieć, co do nich przychodzi – tylko to odrzucają, zajmują się jedynie swymi oczekiwaniami, że nie dostają tego i tego i w taki sposób, jak by chcieli. Przyjście z oczekiwaniami skupia na nich uwagę, a nie na tym, co przyszło. Jeśli odwróci się uwagę od oczekiwań, a skupi na tym, CO TO DAJE - co przyszło - wtedy okaże się, że może oczekiwania nie zostały spełnione, ale SPEŁNIONE ZOSTAŁY POTRZEBY – czyli to, co jest głębiej. Bezpieczniej – to być bliżej siebie. Nikt wtedy nie może zranić. Jest większa spójność wewnętrzna. Więcej połączeń w sobie. Mniej luk. To wypełnianie luk.

PORADA 31

Idę na spotkanie z Ewunią. Stoi i patrzy w niebo.

J.: Czemu patrzysz tak w górę?

O.: Oglądam niebo.

J.: Co tam widzisz?

O.: Wypatruję.

J.: Czego wypatrujesz?

O.: Że coś się pojawi.

J.: A co ma się pojawić?

O.: Jasność.

J.: Co to jest?

O.: To prześwit, prześwietlenie – rzucenie światła na to, co jest/było.

J.: Po co ci to prześwietlenie?

O.: Aby rozjaśnić co było i zrozumieć po co.

J.: A po co coś jest? Czy jest coś po coś?

O.: Wszystko jest po coś. Jak się nie rozumie po co, to przestaje mieć znaczenie.

J.: Czy wszystko ma mieć znaczenie?

O.: Zna-czenie – to robienie znaków, znajdować głębszy sens. Zna-czenie słowem siebie – zostawienie wspomnienia, znaku. Potem poszukanie go przez doświadczenie – co mi ono przypomina, jakie słowo, znak, zaznaczony kiedyś, wcześniej.

J.: Co więc to wszystko dla mnie znaczy?

O.: Kiedyś coś w tobie zostało zaznaczone. Jakieś doświadczenie przypomina ci co to było/jak to było. Jeśli to było przykre, to otwiera ranę. Jeśli miłe – daje przyjemne wspomnienie.

J.: Czy ranę można zamknąć, zaleczyć?

O.: Nawet trzeba. Obejrzeć ją jak wygląda. Zrozumieć, że to było kiedyś i nie musi się stale otwierać, że takie doświadczenie było już doświadczone i że nie musi znowu znaczyć tego samego miejsca po raz drugi czy kolejny.

J.: Jak zaleczyć ranę?

O.: Nie za-leczyć, tylko wy-leczyć.. Zaleczenie, to

zrobienie opatrunku na chwilę, a potem rani znowu cokolwiek. Gdy rana jest wyleczona to już jej nie ma. Wyleczenie – to wyjęcie kolca/ostrza/cokolwiek robiło ranę i zastosowanie leku.

J.: Jaki to jest lek?

O.: Lek na wewnętrzne uszkodzenia. REGENERATOR.

J.: Co on robi?

O.: Naprawia co zostało uszkodzone. Re-generator – odnawia, odtwarza, tworzy od nowa.

J.: Jak go znaleźć? Skąd go znaleźć? Gdzie go znaleźć? Kto mi go dostarczy? Co on robi?

O.: Uruchamia procesy odnowy, pamięć genetyczną. Ona zawarta jest w informacji. Informacja to zapis. Musi być uruchomiony. Uruchamia go dostęp do KODU REGENERACJI.

J.: Jak dotrzeć do kodu? Czy mogę dotrzeć do kodu sama? ....(zewnętrzne okoliczności przeszkodziły).

PORADA 32

Co dzisiaj ?

O.: Są dni łatwe i trudne. Dziś był trudny. Pokazywał napięcia, niedopasowanie lub przestrzenie niezrozumienia u odbiorców.

J.: Co z tym można zrobić?

O.: Oglądanie kalejdoskopu. Wiele kolorowych szkiełek. Wszystkie układają się w bardzo barwną całość. Pokazanie całości niektórym uniemożliwia im zobaczenie ich części lub odwrotnie: część nie pozwala oderwać się od niej, aby zobaczyć całość.

J.: Co z tym zrobić?

O.: Ludzie mają nawykowe oglądanie – kanałowe. Wpadają w nie – jak w kanał. Zaczynają czuć się niewygodnie, gdy coś przerasta ich wyobrażenia. Od razu wydaje im się to nienormalne, podejrzane. Zamiast zobaczyć w tym swoją szansę na zrozumienie czegoś więcej, wpadają w rozdrażnienie, nieufność, podejrzenia (skąd, jak, dlaczego?)

PORADA 33

(Ewunia 6 lat) Śpiewa: Na zielonej łące karminowe kwiaty. La, la, la, la, la, la, la

Ja: Co tak śpiewasz Ewuniu?

Ona: Chce mi się śpiewać.

Ja: Dlaczego jest ci tak wesoło?

Ona: Udało mi się coś zrobić.

Ja: Co ci się udało?

Ona: Poukładać klocki.

Ja: Dlatego się cieszysz? Co ci się udało poukładać?

Ona: Wieżę do góry.

Ja: Czy może być wieża na dół?

Ona: Może być wieża i wieża do góry.

Ja: Czymś się różnią?

Ona: Wieża – to taka zwyczajna wieża, która kończy się, kiedy już wygląda jak wieża. Wieża do góry – to rozbudowana wieża, aż do samego szczytu – gdy można jeszcze na nią coś nałożyć, a potem jeszcze zakończyć ją szpicem.

Ja: Po co ci była wieża do góry?

Ona: WIEŻA DO GÓRY robi porządek z klocków, układając je do góry. Wieżę do góry buduje się z klocków według specjalnego porządku, pytając się klocków, który klocek teraz ułożyć. Wieża do góry jest dokładnie przemyślaną wieżą, aby pokazywała kierunek – do góry.

Ja: Po co ci taka przemyślana wieża do góry? Czy nie wystarczy zbudować wieżę i nie przemyśliwać tyle?

Ona: Gdy się myśli przy budowaniu – ONO MA ZNACZENIE. Gdy jest bezmyślne, jest to tylko zajęcie rąk, a wieża niczego nie znaczy. Właśnie WIEŻA DO GÓRY – znaczy, że była przemyślana, aby prowadziła do góry – i to jest jej znaczenie: nadanie kierunku: do góry.

Ja, przemyśliwując wszystko, co się obecnie dzieje: tak sobie myślę, czy to co opowiedziałaś mi teraz, ma jakieś znaczenie dla mnie – w tej sytuacji, jaką mam teraz?

Ona: Gdy przemyśliwasz każdy klocek, który układasz, on układa się w odpowiednim miejscu i czasie. Gdy układasz bez myślenia– bierzesz klocki byle jak. One nie nabierają znaczenia dla całości. Tylko przemyślane układanie ma sens i zbuduje taką wieżę, jaka jest właściwa.

Ja: Zaraz, zaraz, co to znaczy? Czy jak ja przemyślę wieżę i pojedyncze klocki i ktoś przemyśli też wieżę i pojedyncze klocki, to wieża do góry będzie taka sama?

Ona: Jeśli budujesz z kimś wieżę, to przemyśliwa każdy swój klocek, a potem ty przemyśliwasz, jaki klocek pasuje do tego klocka, który położyła druga osoba. Gdy układasz swoją wieżę do góry, dopasowujesz bardzo dokładnie klocki. Możesz nawet przerwać, gdy nie wiesz, jaki ułożyć, poczekać, aż przyjdzie ci myśl, jak to zrobić. Dopasowujesz i sama wiesz, że wszystko, co robisz, ma sens (jest przemyślane po kolei). Wtedy daje ci to radość z każdego dołożonego klocka, właściwie położonego. Inna wieża – zwykła - jest tylko ułożeniem klocków, aby przypominała wieżę. Jest podobieństwem wieży. Nie jest nią. Wieża prawdziwa – właśnie do góry – jest wieżą przemyślaną, z połączenia odpowiednich klocków.

Ja: Dziękuję Ci. Znaczy to, że wszystko, co mam – klocki do zbudowania czegoś, muszą być właściwie połączone. NIE WYSTARCZY ICH PO PROSTU POUKŁADAĆ KOŁO SIEBIE.

Ona: Właśnie tak. I dlatego daje to radość i szczęście.

Ja: Bardzo ci dziękuję. Jesteś naprawdę genialna.

PORADA 34

Ewunia lat 6 wygląda jak baletnica. Trzyma rączkami sukienkę i kręci się w kółko.

Ja: Czemu tak się kręcisz?

Ona: Chcę odkręcić, co zakręcone.

Ja: A co zakręcone?

Ona: Losy ludzkie są zakręcone.

Ja: A skąd wiesz, czy w dobrą stronę się kręcisz, czy jeszcze bardziej nie zakręcasz?

Ona: Właśnie sprawdzam.

Ja: Jak to robisz?

Ona: Jeśli czuję się wolniejsza, to znaczy, że odkręcam, jeśli spętana – to zakręcam.

Ja: Brzmi to wspaniale. Ale teraz chciałabym przejść do mojego dzisiejszego pytania: „Co ja mogę zrobić, aby ktoś dla mnie ważny się nie zakręcał.

Ona: Ty nie możesz zrobić nic. Najwyżej patrzeć. Także być silną, stać na własnych nogach, najwyżej wspierać go/ją siłą – na odległość, aby ona mogła go/ją usilnić do zamyślenia czy się wikła czy odwikłuje.

Ja: Mówisz: usilniać, zamyślać, odwikływać...

Ona: Tak, dobrze słyszysz: usilnić – to dać komuś siłę do uwolnienia; zamyślić – to iść za myślą, wpatrzeć się w myśl; odwikływać – to zrzucać zawikłania, to co wikła.

Ja: Ładnie to tłumaczysz, bardzo mi to pasuje: uwikłać – odwikłać, iść za myślą, wpatrzeć się w myśl. Ale powiedz, dlaczego ludzie nie wpatrują się w swoje myśli, tylko się uwikłują, aby się potem nie umieć rozwikłać?

Ona: Ludzie nie mają czasu patrzeć. Wolą się najpierw uwikłać, zaplątać, a potem się muszą długo odwikływać.

Ja: A jak nie widzą, że się uwikłali lub nie chcą, bo to ich dużo kosztuje pracy i wysiłku oraz przede wszystkim chęci zmiany?

Ona: To w tym siedzą, aż nie poczują, że im brak powietrza i muszą zacząć oddychać mocniej. Wtedy zaczynają czuć uwikłanie. I muszą coś z tym zrobić. Mówisz – nie chcą – oni chcą, tylko nie mogą, właśnie brak im sił, aby się odwikłać. Dlatego dobrze jest, gdy mają kogoś, kto ich kocha i doda im siły z zewnątrz — właśnie usilni. Wtedy poczują się mocni i zaczną coś robić. Trzeba na to czasu.

Ja: A jak to będzie trwać lata?

Ona: Lata, nie lata. Im dłużej się zawikłują, tym prędzej czują, że muszą coś zmienić. I trwa to już minuty czy sekundy, a nie lata.

Ja: A więc, co mi radzisz w takiej sytuacji niewiedzy kiedy?

Ona: Bądź spokojna, wszystko ma swój czas zbioru. Gdy coś zasiałaś, czekaj na zbiór.

Ja: Dziękuję. A więc czekam na zbiór.

PORADA 35

Ewunia siedzi w kuchni z piąstkami pod brodą.

Ja: Nad czym tak myślisz intensywnie?

Ona: Mam takie ważne sprawy do rozwiązania.

Ja: co to za ważne sprawy?

Ona: jak zawiązać jedne sprawy a odwiązać drugie?

Ja: A może raczej odwrotnie?

Ona: Może masz rację. Najpierw muszę rozwiązać jedne, aby zawiązać drugie.

Ja: I może już wiesz jak to zrobić?

Ona: Właśnie cały czas myślę. To poważna sprawa. Rozwiązać – to rozsupłać supeł, który się zrobił; wiązadło – coś się zawiązało tak ciasno, że trudno to rozwiązać.

Ja: Jak rozwiązać supeł co się zawiązał?

Ona: Można to zacząć odpętlać lub roz-wiązać, znaczy rozszczepić, co zostało złożone w wiązkę, rozwinąć.

Ja: Jak rozwinąć zawiązane?

Ona: rozwiązać – znaczy rozluźnić więzy, oddalić jedno od drugiego, pozbawić więzów. Zawiązać – znaczy zrobić wiązkę i za-wiązać: zacieśnić, zawinąć. Coś jest za-wiązką - dalej, zawiązka.

Ja: To ciekawe. Właśnie mam podobny problem – jak rozwiązać jedną sprawę i zawiązać inne.

Ona: A więc zrób tak – rozluźnij, uwolnij poprzednie, wypuść je, niech sobie odlecą, a uchwyć drugie i zawiąż.

Ja: Jak rozluźnić te pierwsze?

Ona: Sama widzisz – rozluźniasz się. Jest ci lżej, uwalniasz swoje ciało z zasuplenia, przymusu, konieczności, nakazów. Rozwiązujesz zapętlenie w ciele. Jest ci luźniej wewnątrz. Czujesz to wyraźnie. To co chcesz zawiązać jest na zewnątrz. Nie krępuje ciebie, nie uwiera, więzi.

Ja: Dziękuję ci bardzo. Rzeczywiście jest mi luźniej.

PORADA 36

Dzień dobry Ewusiu. Co jest dzisiaj ciekawego?

Ona: Stale uwalniasz. Nawet ten kaszel. Błogość, jasność, spokój.

Ja: Czy jest ci teraz dobrze?

Ona: Tak, teraz chce mi się tańczyć.

Ja: No to tańcz. Ja postoję i popatrzę. Co ten taniec wyraża? O czym on jest? **Ona:** Jest o wolności. O uwolnieniu siebie. Pozwala na wyrażanie, co czuję.

Ja: A co czujesz? **Ona:** właśnie wolność. Przestrzeń, oddech, uwolnienie.

Ja: Do czego ci to potrzebne?

Ona: Do nowych doświadczeń. Do uwolnienia ciała z napięć. Do ekspresji siebie w pełni.

Ja: Co to znaczy ekspresja?

Ona: Ekspres to wybuch – nacisk od środka, aby coś wyrazić na zewnątrz.

Ja: A masz taki ekspres – potrzebę ekspresji?

Ona: Właśnie tak – ten taniec pozwala mi to wyrazić

Ja: Jak myślisz, co mam robić w tej sytuacji, w jakiej jestem.

Ona: Jesteś wolna. Czuj wolność, wyrażaj wolność, doświadczaj wolności, pozwól sobie wyrażać wolność. Możesz znowu zacząć pisać. Uwalniaj to, co zablokowane. Wyrażaj się coraz częściej. Masz teraz wolność. Wykorzystaj ją, aby to wyrażać. Bądź wreszcie sobą.

Ja: Co zrobić z tą wolnością dla siebie to wiem, ale co dla tego, co robię dla innych? (po cichu do siebie).

PORADA 37

Co robisz?

Witam cię uniżenie (Ewunia kłania się, trzymając spódniczkę rączkami).

Ja: Czemu się kłaniasz?

Ona: Komu – Tobie. Witam cię uniżenie.

Ja: Czemu tak?

Ona : Z szacunkiem i respektem.

Ja: ???

Ona: Ponieważ takiego szacunku, respektu potrzebujesz.

Ja: Tak też myślę. Ale ludzie tego nie doceniają, często odreagowują swoje emocje.

Ona: Dlatego szanuj siebie. Broń siebie, dbaj o siebie. Ty jesteś najważniejsza – dla twego celu.

Ja: Co mam zrobić jutro?

Ona: Im więcej wyciszasz szum zewnętrzny, tym bliżej jesteś sama siebie.

Ja: Jest tych warstw całe mnóstwo.

Ona: Wyciszając kolejne, dochodzisz coraz bliżej do siebie.

Ja: Aż usłyszę swój ton?

Ona: Właśnie – aż usłyszysz informacje, które są ci potrzebne. Usłyszysz lub zobaczysz obrazy – świat wewnętrzny w obrazach i symbolach. Zostaw sprawę swemu biegowi.

Ja: Co to znaczy?

Ona: Niech się dzieje, co się dzieje.

Ja: Co to znaczy? Czy pozwolić na mówienie nieprawdy?

Ona: Ty wiesz swoje. Niech oni zostaną przy swoim. Prawda zawsze się wybroni. Oliwa na wierzch wypływa.

PORADA 38

Ewunia siedzi w kucki z rączkami pod brodą.

Ja: Czemu siedzisz w takiej pozycji, zdrętwieją ci nóżki?

Ona: Tak sobie zamyślam.

Ja: Nad czym tak zamyślasz? Co złapałaś, co jest za myślą (znam już Ewunię i jej nowo tworzone słówka).

Ona: Za myślą jest zamysł (za-mysł). On stworzy pomysł, stworzy to, co chcę zrobić. I to ZROBIĘ.

Ja: Jaki masz więc zamysł i pomysł i co chcesz zrobić?

Ona: Mój zamysł to dom, pomysł – to jak to robić kolejno, a potem – to ZROBIĆ.

Ja: Ciekawy pomysł, bardzo mi na czasie. (Właśnie przemyśliwam gdzie i jak znaleźć lokal na centrum edukacyjne). A więc jaki masz pomysł, aby to zrobić?

Ona: Pomysł – to po-myśl, a więc po – myśli o domu jest

myślenie, co dalej z tym pomysłem. A więc stawiam pytania: jaki to dom? Do czego? Po co? Dla kogo? Kto? Co tam będzie mieszkał?/co robił? Potem plan: jaki ma być w środku? Ile pokoi? Dla kogo? Co w nich?...

Ja: Dobrze, dobrze, ja to znam... Mam już swój zamysł, ale brak mi pomysłu jak to zrobić?!

Ona: Ja to znam! Zaraz zapytasz skąd na to pieniądze.

Ja: A bo skąd? Z nieba nie spadają! Stale na nie czekam, już dobre kilka lat... i nic.

Ona: Ty stale o pieniądzach, jakby one były najważniejsze. A gdzie są ludzie od i ludzie do?

Ja: Ale zabawne: ludzie od i ludzie do. To tak jak z tą wieżą i wieżą do góry z którejś z poprzednich porad.

Ona: Właśnie, właśnie. Ludzie od – są ludźmi od pieniędzy. To nie twój problem, tylko ich; ludzie do – są ludźmi do zrobienia, pracy, bycia kimś użytecznym...

Ja: Dobrze, dobrze. Z tymi ludźmi to jak z tymi pieniędzmi: nie ma ich do pracy i nie ma do dawania...

Ona: Dobrze, dobrze i znowu te braki czyli luki. A jak je zapełnić, aby były?

Ja: Zapełnić? – narysować, napisać, opisać, wpisać, spisać... Widzisz jaka staję się mądra dzięki tobie?

Poszerzył mi się słownik – i to słownik znaczeń – znaczący. Zaraz ci wytłumaczę: narysować – to nanieść na papier i zrobić rysunek. Napisać... Właśnie już to wszystko zrobiłam i co? I nic!

Ona: Jeśli już zrobiłaś, to wstań, rozprostuj się, przeciągnij... i czekaj...

Ja: Czekaj? ...na co?...

Ona: Na okazję, która pozwoli, aby to się zadziało – znaczy zaczęło się dziać. **Ja:** Samo?

Ona: Właśnie samo, bo wprawiłaś litery w ruch. A ruch to życie. Dzięki niemu żyjesz.

Ja: A więc zacznie się dziać samo, bez mego już udziału?

Ona: Oczywiście z twoim, bo to ty wprawiłaś wszystko w ruch, więc będziesz nim kierować – jak policjant ruchem samochodów. Ale on tylko stoi i macha, z tego miejsca, w którym jest. A ruch się zadziewa.

Ja: Mówisz – zadziewa?

Ona: Znaczy, że się dzieje i dzieje, zostaje zapoczątkowane dzienie się.

Ja; Chyba dzianie...

Ona: Może być i dzienie... – od zadziewania, jak i dzianie – czyli plecenie wątku, nitka za nitką, aż się coś uplecie.

Ja: I znowu ja kieruję ruchem nitki...

Ona: Właśnie tak – z jednego miejsca, a rzędów coraz więcej i cel coraz bliższy.

Ja: Ale zaraz, powiedz mi więc, co teraz?

Ona: Czekaj, nic nie rób, obserwuj, aż się zadzieje.

Ja: Dziękuję Ci Ewuniu. To zabawne, tyle jest wyrazów, których nie rozumiemy, choć ich używamy lub nie używamy wcale. A one same do nas mówią. Jeśli się zadzieje – to znaczy, że samo, beze mnie. Dopiero wtedy będę mogła dziać lub kierować ruchem. Nigdy nie przypuszczałam, że coś może dziać się beze mnie. Ot, po prostu dziejstwo.

PORADA 39

Ewa lat 10 stoi i zasłaniając oczy dłonią patrzy na księżyc. Jest ciemna noc wokół.

Ja: Czego tak wypatrujesz Ewuniu?

Ona: Patrzę na jasność wokół.

Ja: Ale wokół panuje ciemność.

Ona: Zależy jak kto na co patrzy: jeden na jasność, światło, inny na ciemność, mrok.

Ja: Czego wypatrujesz w tej jasności?

Ona: Znaku, drogowskazu na drodze.

Ja: A jest w tej jasności droga?

Ona: Jak się wpatrzysz, to zobaczysz taki tunel lub korytarz i to jest droga świetlana – droga światła.

Ja: Po co ci ta droga? Dokądś się wybierasz?

Ona: Gdy dokądś się wybieram, wolę iść jasną drogą, oznaczoną drogowskazami, niż ciemną. Dlatego nie patrzę na ciemność, tylko na jasność.

Ja mam dla niej dzisiaj swoje pytanie, które teraz stawiam: Jak rozjaśnić ciemność, jak znaleźć rozwiązanie dla nurtującego mnie obecnie problemu?

Ona: Patrzeć w światło, widzieć światło, rozpoznawać tylko jasność, a nie ciemność. Wtedy pojawi się rozwiązanie – jak drogowskaz i będzie po sprawie, sprawi się.

Ja: Gdzie znaleźć światło w sprawie, problemie?

Ona: Wpatrywać się intensywnie w środek, aż przebijesz ciemność. Na drugim końcu jest jasność.

Ja: Gdzie jest ten koniec? Czy w ogóle jest jakiś koniec? Jak znaleźć środek sprawy?

Ona: Postawić sprawę przed sobą i obejrzeć ją oczami wyobraźni w całości, jak rzecz. Ponieważ ona ma jakieś granice, jakiś początek i środek. A więc celując w środek, mogę przebić się do jasności, ponieważ wiem, że jak jest ciemność, to musi być też jasność. Jeśli jedna strona jest ciemna, to druga jasna.

Ja: Ale mogłabym zacząć się przebijać na początku – czy nie znajdę z tyłu jasności?

Ona: Im bardziej wchodzisz w sprawę, tym lepiej ją rozumiesz. Na początku jest najbardziej mętna, trudna do ogarnięcia. W środku staje się uporządkowana, klarowna. A stąd najbliżej do jasności. Wystarczy tylko skupić uwagę i przebić do niej jasność.

Ja: Dziękuję ci Ewuniu. Zacznę więc widzieć całą sprawę, a potem znajdę jej środek i skupiając uwagę wpuszczę tam światło, które czeka z tyłu.

Ona: Właśnie o to chodzi. Maleńka dziurka w środku może oświetlić całą przestrzeń, nie tylko środek i rzucić światło na całość.

PORADA 40

Ewa stoi przed lustrem i przeciera je ścierką. (lat 12)

Ja: Co robisz Ewuniu?

Ona: Czyszczę lustro.

Ja: Z jakiego powodu?

Ona: Ponieważ nie mogę czegoś zobaczyć.

Ja: A co chciałabyś widzieć?

Ona: Coś do głębi, aż do samego końca.

Ja: Czy ma to jakiś sens – patrzenie w lustro i oglądanie czegoś do końca? Czy to się odbija w lustrze i lepiej w nim widać niż normalnie oczami?

Ona: Oczami to co innego. Nie widać niczego odbitego, tylko wszystko na wprost. W lustrze mogę zobaczyć odbite ode mnie i uwidocznione przez lustro.

Ja: Teoretycznie masz rację. Przypominam sobie już jedną poradę, gdy miał być widok od lustra do ciebie i od ciebie do lustra, więc mogę to zrozumieć. Ale to dotyczyło osoby przeglądającej się w lustrze, natomiast teraz tak naprawdę nie wiem, co ma się odbijać.

Ona: Każde odbicie daje wzmocnienie, mocniejsze wrażenie. Gdy czegoś nie widać wprost, to odbicie wzmocni widok, aż coś zobaczę.

Ja: Mówisz zagadkami, stale nie wiem, co chcesz zobaczyć, jeśli tego nie widzisz.

Ona: Ale czuję. Czucia nie widać, a ja chcę je zobaczyć, stąd spoglądam w głąb lustra, aby się odbiło i wróciło. Takie wzmocnienie da ci oddźwięk, a potem obraz tego, właśnie w lustrze.

Ja: Nie bardzo jeszcze rozumiem. Czy to dotyczy ciebie, czy czegoś, jakiejś rzeczy, przedmiotu, osoby?

Ona: To dotyczy rzeczy, przedmiotu, ale też i kogoś/czegoś (zachowania), co powoduje we mnie oddźwięk – czucie. Ale stale nie wiem, co to. Stąd chcę to zobaczyć w lustrze – do głębi odbite.

Ja: Bardzo to skomplikowane, jak na moje dzisiejsze myślenie. Czy nie możesz powiedzieć jaśniej, o co chodzi?

Ona: Otóż chodzi o to, że bardzo bym chciała rozumieć to, co we mnie się dzieje. Dlatego szukam jakiejś możliwości, aby to pogłębić. Wymyśliłam właśnie, że może mi pomoże lustro. Stąd zaczęłam je przecierać, bo wciąż wydawało mi się, że nie jest zbyt czyste.

Ja: I teraz już coś wiesz, coś ci się wyjaśniło?

Ona: Tak, teraz jak ci tłumaczę, to mnie się także rozjaśnia. Otóż każda osoba usiłuje coś osiągnąć poprzez oglądanie czegoś, gdy reaguje druga osoba.

Ja: Znowu mówisz mętnie. Coraz bardziej zagmatwujesz.

Ona: Ciągle czegoś jeszcze nie rozumiem, nie mogę się przebić do głębi. Dlatego próbuję i próbuję, aż się wreszcie uda.

Ja: No i co?

Ona: Daj mi pomyśleć. Niektórzy zamyślają się czasami, tak jakby wpadali na chwilę do środka siebie. Inni wolą coś widzieć na zewnątrz. Ale przecież, jeśli coś się dzieje we mnie w środku, nie mogę szukać gdzieś „po ludziach" – muszę to znaleźć u siebie – „co i kto we mnie co porusza i dlaczego". Dlatego wymyśliłam lustro, aby przytrzymało uwagę na sobie i poprzez spoglądanie w nie, pomogło wzmocnić wewnętrzne patrzenie w siebie. Wtedy wreszcie zrozumiem co to jest, co we mnie ma oddźwięk.

Ja: Myślę, że jest to już dla mnie teraz lepiej zrozumiałe, że chcesz bardziej zrozumieć siebie. Ja chciałabym bardziej zrozumieć innych, ich motywy postępowania, a często brak spójności między tym, co mówią, a tym, co robią. I to mnie też dotyka i powoduje we mnie oddźwięk, a gdy się temu przyglądam, po pewnym czasie - współczucie. Dlaczego tak się dzieje? Dlaczego oni są niespójni? Czy im się coś nie odbiło – gdyż nie odbijają się ich słowa w czynach? Czy możesz mi to wytłumaczyć?

Ona: To bardzo proste. Oni po prostu sami nie patrzą w swoje lustra. Dlatego odbijają słowa od siebie do innych, niech tamci zobaczą w swoich lustrach. Dla nich to nie jest problem. Nie zastanawiają się nad zrozumieniem czegokolwiek. Dlatego ich słowa są niespójne z czynami – gdyż nie mają odbicia w sobie.

PORADA 41

Ewa siedzi na huśtawce (lat 6).

Ja: Ładnie się huśtasz Ewuniu.

Ona: Chcę coś wybujać. **Ja:** A co?

Ona: To jest tak jak bujanie dziecka. Buja się, buja, aż uśnie.

Ja: A u ciebie o co chodzi? Co wybujasz?

Ona: Równowagę – w jedną i drugą jednakowo.

Ja: I co ci to da, skoro i tak nie stajesz, tylko się bujasz i bujasz.

Ona: Ale wyczuwam, gdzie jest środek bujania, czyli to miejsce, gdzie skręca jadąc z góry i potem do góry.

Ja: Ale nie rozumiem, po co ci to jest potrzebne?

Ona: Aby wiedzieć, że coś takiego jest.

Ja: Już dobrze. Mogę to zrozumieć, że chcesz coś wiedzieć, ale nadal nie wiem po co.

Ona: Nie musisz rozumieć, bo to nie ty jesteś ciekawa, tylko ja, więc dlatego to zgłębiam. Jak się dowiem, przestanę. Dorośli nie umieją odpowiadać na takie pytania, więc sama sobie je zadaję i sama odpowiadam.

Ja: Dziękuję. To mi wyjaśnia wszystko. Chcesz znać odpowiedź na swoje pytanie, ale dokładną, więc to robisz – i odpowiadasz. To bardzo mądre.

Ja dziś mam swoje pytanie: Jak rozwiązać mój ostatnio powstały problem? Co z nim zrobić?

Ona: Jak z tym bujaniem. Uchwycić taki środek i z niego zobaczyć rozwiązanie.

Ja: Ale jak zobaczyć ten środek w takiej sprawie. Ona nie ma środka. To jest PROBLEM do rozwiązania.

Ona: Gdy widzisz problem, nie widzisz rozwiązania, bo on jest tak duży, że zasłania ci wynik. Gdy zobaczysz sprawę, to znajdziesz w niej środek, najlepiej „złoty" i wtedy sprawa się sprawi, czyli załatwi.

Ja: Dobrze, zacznę widzieć sprawę, ale jak zobaczyć środek i to jeszcze złoty?

Ona: Tak jak z tą huśtawką: zrobić ruch w prawo i w lewo czy do tyłu i do przodu i znaleźć środek i to będzie złoty środek.

Ja: Dobrze, dobrze. Dobrze ci mówić w prawo, w lewo, do przodu, do tyłu, środek... tylko jak to zrobić? Na razie po prostu nie wiem i to mnie męczy.

Ona: To przecież proste. Zadać pytanie: gdzie wreszcie złapię równowagę – z kim? Jak? I zobaczyć te osoby, które masz.

Ja: Dziękuję ci Ewuniu. Obejrzę tę huśtawkę, spiszę wszystkich, zrobię ruch w prawo/lewo czy góra/dół, pomieszam kartki i wylosuję kartkę, która zbalansuje, zrównoważy. I wtedy znajdę „złoty środek".

PORADA 42

Ewunia poprawia pranie – bieliznę pościelową, wiszące na sznurze. Nie dostaje do samej góry. Gładzi je.

Ja: Co robisz Ewuniu?

Ona: Prostuję bieliznę.

Ja: Do czego ci to potrzebne?

Ona: Potrzebuję widzieć równe kawałki białego.

Ja: Ale po co ci to?

Ona: Jak je rozciągnę, to widzę duże białe pola.

Ja: I co z tego?

Ona: Jak się w nie zapatrzę, to wszystko widać.

Ja: Ale co widać i co chcesz zobaczyć?

Ona: Wczoraj, dzisiaj, jutro...

Ja: ????????

Ona: To tak jakby dni były powiązane na sznurku i można zobaczyć każdy – co już przeszedł, co jest i co będzie.

Ja: ????????

Ona: Gdy widzę odtąd do tamtąd, to jest tak jakbym szła od wczoraj, przez dzisiaj, do jutra.

Ja: ????????

Ona: Gdy odchylam jedno pranie, a potem drugie i drugie, to tak jakbym przerzucała kartki z kalendarza – coraz dalsze i dalsze.

Ja: Ale wczoraj już wyrwałaś z kalendarza, skąd więc wiesz, że od wczoraj do jutra?

Ona: Bo wczoraj nie było tu prania, dziś jest i to robię, a jutro już go nie będzie.

Ja: Jest to dla mnie zbytnio zawikłane. Nic z tego nie rozumiem.

Ona: Bo nie musisz. Ja tak sobie wymyślam czas, jak było wczoraj i co będzie jutro.

Ja mam dla Ewy dzisiaj moje pytanie, jak zwykle: Co będzie z tym, o czym teraz myślę – jutro? Czy ta sprawa ma jutro?

Ona: Zawsze jest jakieś jutro. Wynika to z wczoraj. To tak jak z tym praniem. Wczoraj było brudne, dziś tu wisi czyste, a jutro je zdejmiesz.

Ja: Ale co ma jedno do drugiego?

Ona: Wszystko ma jakiś ciąg dalszy, jeśli miało początek. I tak – jeśli miało wczoraj, to będzie miało jutro, nawet jak nie widzisz tego dzisiaj.

Ja: ???????

Ona: To tak jak z tym białym praniem dzisiaj. Jak się w nie zapatrzysz, to zobaczysz jutro.

Ja: Dziękuję ci Ewuniu. Nie pomyślałam nigdy, że aby zobaczyć jutro, muszę się zapatrzyć w białe dzisiaj.

PORADA 43

Ewunia chodzi wzdłuż sznura od bielizny i przeciągając po nim rączką, śpiewa.

Ja: Co robisz Ewuniu?

Ona: Tak sobie zanucam.

Ja: Co robisz?

Ona: Zanucam.

Ja: Co to ? Zanucanie?

Ona: To śpiewanie nuty za nutą.

Ja: Bardzo to mądrze powiedziałaś: nuty za nutą. A co robi w tym ten sznurek?

Ona: Sznurek mi pokazuje, jak to robić.

Ja: ????????

Ona: Gdy śpiewam nutę i trzymam sznurek, a potem idę

dalej, to on wyciąga nowe nuty i tak śpiewam i śpiewam.

Ja: Z tego nic nie rozumiem, ale pewnie tak jest, skoro mówisz.

Mam dziś dla Ewuni nowe pytanie: Jak przetrwać do jutra, bo od niego tak dużo zależy?

Ona: Jutro jest jak przedłużenie dzisiaj. Jak ten sznurek na pranie. Trzymać się go i przeciągać, wyśpiewując dzisiaj wesoło, aż zaświta jutro i zaczniesz je zaśpiewywać.

Ja: Dobrze, dobrze. Raz używasz wyśpiewywać, raz zaśpiewywać. A w ogóle co to znaczy ten sznurek i to wszystko razem?

Ona: W – idzie przed Z. Jeśli jutro ma być Z – zwieńczeniem, to dzisiaj jest W – a więc całe wy-śpiewywanie w-esoło.

Ja: ?????????

Ona: Aby nastało wesołe jutro, musisz się przygotować dzisiaj. A więc wesoło wyśpiewywać dzisiaj. I wtedy wypleciesz jutro, czyli zwieńczysz.

Ja: To co mam robić?

Ona: Wyśpiewywać dzisiaj i wierzyć, że jak jest dziś wesołe, zbudujesz zabawne jutro. To ty wybierasz, co śpiewasz i jak.

Ja: Dziękuję ci Ewuniu. Nie myślałam, żeby zaplanować jutro, muszę być w pełni dzisiaj (trzymać się sznurka) i wyśpiewywać je wesoło. Wtedy zaświta jutro – takie, jakie zbuduję dzisiaj.

PORADA 44

Ewunia (lat ok. 6) trzyma chustę nad głową, która hula z wiatrem. Jest przeciąg.

Pytam: Czemu tak stoisz w przeciągu.

Ona: Trzymam, aby nie pofrunęła.

Ja: Ale po co stoisz w przeciągu i czy to, co robisz jest ci do czegoś potrzebne.

Ona: Próbuję zobaczyć jak chusta łopocze na wietrze. Czy jest to łopot całej chusty czy tylko kawałka.

Ja: No i co? Kawałka czy całej?

Ona: Napręża się cała chusta i gdyby nie ja, to ona by odfrunęła.

Ja: Ale cały czas nie rozumiem, po co ci to?

Ona: Próbuję różnych rzeczy wcześniej, aby wiedzieć i potem nie robić błędów.

Ja: Masz rację. Lepiej coś wcześniej przewidzieć, niż czegoś potem żałować.

Ja mam dziś do Ewuni kolejne swoje pytanie: Brzmi ono: W jaki sposób mam zlikwidować swoje naprężenia?

Ona: Musisz zrobić tak jak z chustą. Potrzymać z obydwu stron – tj. rozłożyć ciężar na mniejsze.

Ja: ??? O czym mówisz? Co mam rozłożyć. Co podeprzeć?

Ona: Aby chusta nie odfrunęła, przytrzymuję ją z obydwu stron. Aby twoja sprawa cię nie „naprężała", musisz ją podeprzeć – czyli rozłożyć napięcia na mniejsze.

Ja: Jak to zrobić? Łatwo ci mówić!

Ona: Gdy sprawa gniecie cię w jednym miejscu, dobrze jest, abyś puściła wiatr do wewnątrz (oddech) i poprzez niego rozmieniła napięcia na drobne. Wtedy nie będzie ono takie duże i „rozejdzie się".

Ja: Masz rację mówiąc, że każde napięcie poprzez oddech rozluźnia się. Ale ja mam inny problem. Mam kilka spraw, które powodują we mnie naprężenia i nawet dziś zapomniałam z tego powodu, że miałam iść na spotkanie.

Ona: Naprężenia uciskają na różne części ciała i nie pozwalają ci pamiętać o sprawach, które przychodzą. One stają się ważniejsze niż to co przyszło, stąd robisz cokolwiek, aby wprawić się w ruch lub zajmujesz się czymś, co jest według ciebie na tę chwilę ważne. To „kładzie się" na nich i robi się „kanapka" – „naprężenie – sprawa – zajęcie się czymkolwiek - i wtedy ono (zajęcie) pochłania cię całą i nie ma ani sprawy ani naprężenia, ale one tak naprawdę zostają pod spodem i pogłębiają się, stają się jeszcze mocniejsze.

Ja: Dobrze, dobrze, mogłabym to nawet sobie wyobrazić, choć tłumaczysz to bardzo zawile. Ale co mam robić?

Ona: Pozwolić wiatrowi rozwiać naprężenia i trwać. Niech się przewali, to co się przewala. Trzymać się w równowadze: trochę pod wiatr i trochę z wiatrem.